BIBLIOTHÈQUE GNOSTIQUE

MANUEL PRÉPARATOIRE

PAR

S. G. SYNÉSIUS

Patriarche de l'Église Gnostique
de France

Rectum iter quod
sero cognovi et lassus
errando, aliis monstro
SÉNÈQUE

MAISON FRANÇAISE D'ÉDITIONS
22 bis, Passage Dauphine, 22 bis
PARIS (VI°)
1913

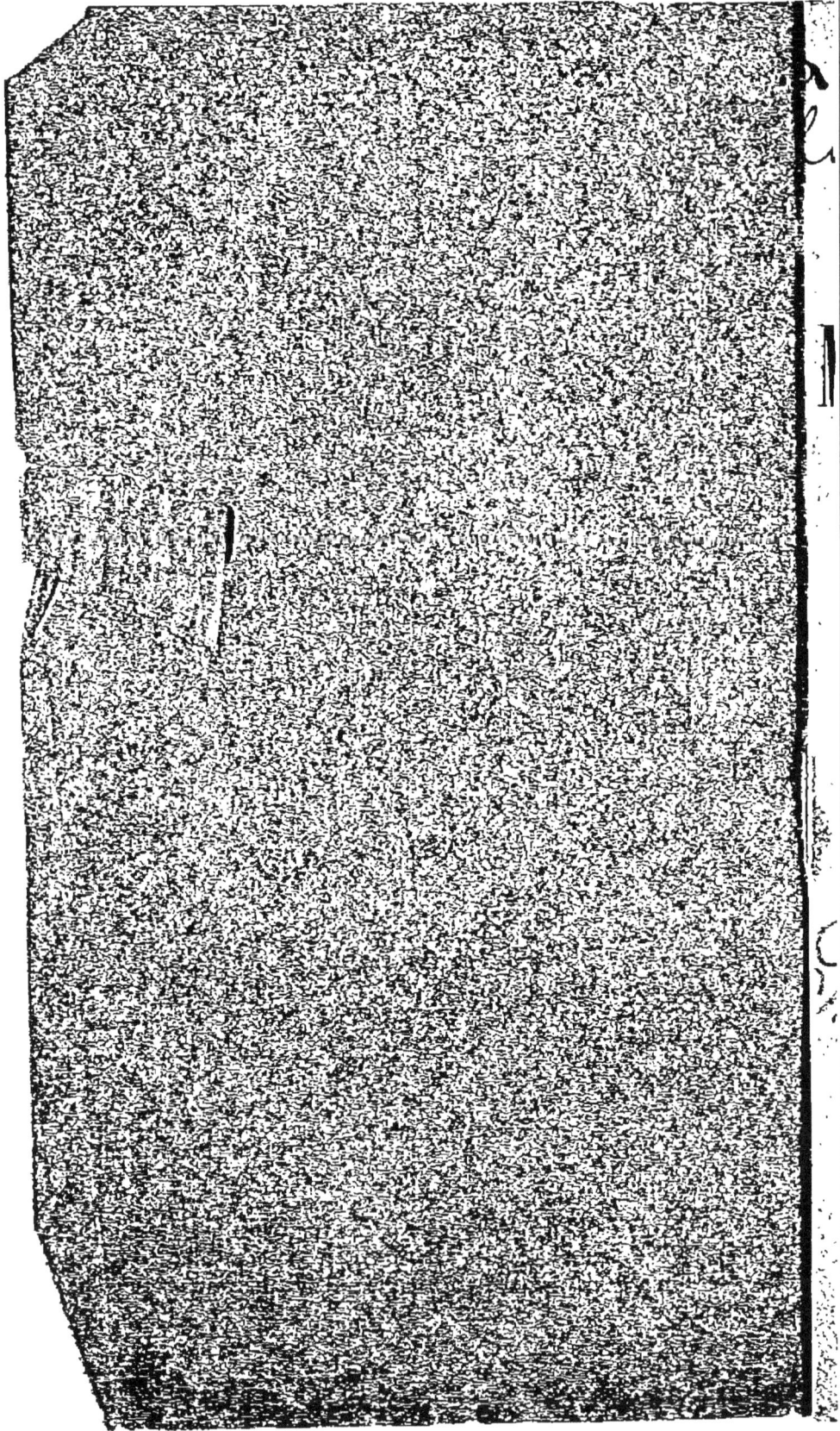

PETITE BIBLIOTHÈQUE GNOSTIQUE

MANUEL PRÉPARATOIRE

PAR

S. G. SYNÉSIUS

Patriarche de l'Eglise Gnostique
de France

*Rectum iter quod
sero cognovi et lassus
errando, aliis monstra.*

(SÉNÈQUE).

FACTA·NON·VERBA

MAISON FRANÇAISE D'ÉDITIONS
22 bis, Passage Dauphine, 22 bis
PARIS (VIᵉ)

1913

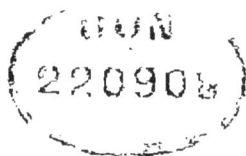

MANUEL PRÉPARATOIRE

Notions préliminaires.

Au commencement de notre ère, en dehors du vieux judaïsme pharisaïque qui s'acharnait à vivre et qui, nettement, rejetait le Christ-Sauveur, au-dessus du judæo-christianisme qui, s'obstinant à vouloir enfermer le vin nouveau dans les outres anciennes, rêvait avec Pierre on ne sait quel concordat étrange entre la thora et l'évangile, il y avait place pour une religion toute de raison et d'amour, qui brisât sans scrupule avec l'implacable jéhovisme et qui fût la mise en œuvre loyale, intégrale et complète de la doctrine du divin Maitre.

Cette doctrine que Jésus de Nazareth prêcha en Judée, en Galilée, en Samarie et jusque sur les confins de Tyr et de Sidon, n'était pas absolument nouvelle sur la terre. Ses racines plongeaient dans les profondeurs du plus lointain passé. Mais la malice des hommes, le tumulte des évènements, mille causes avaient affaibli, obscurci cette très auguste tradition. Il était nécessaire de la rénover, de la réveiller de son long sommeil, de lui infuser la vigueur et la vie. Telle fut la mission de Jésus. Telle fut la prédication de la Gnose.

Il faut distinguer dans les enseignements du Sauveur :

1° Ceux qui s'adressaient à la foule des petits et des humbles, préceptes de morale, appels à la fraternité, proclamation du règne de l'amour ;

2° Ceux qu'il donna à l'élite de ses disciples et particulièrement à saint Jean, ceux en un mot qui constituaient la partie ésotérique et transcendante de sa doctrine.

Les premiers se trouvent clairement reproduits dans les épîtres et les évangiles.

Quant aux seconds, c'est à travers le symbolisme de ce qui nous est resté des écrits de Simon, de Valentin, de Basilide, de Carpocrate, etc., éclairé par les antiques traditions orientales qu'il nous est possible de les reconstituer.

Valentin affirmait tenir sa doctrine de Théodas

ou Theudas, disciple de Paul; Basilide, lui, se réclamait de Glaucias, disciple de Pierre.

Que celui qui ne sait rien de la Gnose se garde bien de s'enquérir, sans un guide sûr, auprès des Pères de l'Eglise. Sciemment ou non, ceux-ci ont le plus souvent faussé la doctrine et volontiers ils font passer pour des articles de la foi gnostique ce qui n'est qu'emblème ou allégorie. C'est évidemment le cas du drame de Sophïa, exposé par Valentin, et sur lequel nous reviendrons dans un autre traité. On devra lire avec la même prudence la plupart des écrits consacrés à la Gnose par les savants contemporains. Ces écrits se bornent trop souvent à reproduire les fantaisies, les erreurs ou les calomnies des Pères de l'Eglise.

L'Être humain.

L'homme, de par sa constitution individuelle et ses hérédités ancestrales, est semblable au chaos cosmique initial, et le ternaire qu'il réalise — plasma intellectuel, plasma sentimental, plasma hylique ou matériel, — persisterait indéfiniment dans cet état chaotique, sans l'intervention du Rayon Céleste, émané de Dieu même, qui l'éclaire, le pénètre et devient par ainsi l'agent de son salut.

Ce Rayon Céleste, en actionnant le plan intellectuel, produit la vibration volontaire et, en évertuant le plasma sentimental, détermine la vibration du désir (1).

Volonté, élément masculin, — désir, élément féminin, — voilà nos deux moyens d'ascèse. Tous nos efforts doivent tendre à les porter à leur maximum d'intensité. Ne vouloir que ce que nous inspire un désir orienté vers les choses d'En Haut. De la sorte nous libérerons le Rayon Céleste qui est prisonnier en nous, en même temps que nous nous libérerons nous-mêmes et accomplirons notre ascension vers le Bien Suprême.

Que si maintenant nous considérons l'ensemble du Cosmos, nous trouvons au sommet de l'échelle des esprits purs ou interplanétaires, au degré intermédiaire des êtres pensants attachés à un corps, au plus bas degré la simple matière. Il faut, en effet, admettre une force génératrice qui, à mesure qu'elle descend, crée de l'être de moins en moins subtil, de plus en plus concret.

---

(1) *Enseignements secrets*, par Simon-Théophane.

Quelques mots sur les trois Adams sont ici nécessaires :

1° L'Adam humain, lequel n'est autre que le premier homme ou le premier couple qui vécut sur la terre ;

2° L'Adam planétaire, représentant la somme des individualités évoluées sur une planète déterminée ;

3° L'Adam kadmôn, qui n'existe qu'à l'état d'idéal, qui ne deviendra réel que lorsque tous les êtres humains parcellaires seront enfin réunis dans un tout unique.

C'est une erreur profonde de croire que la vie humaine se borne à notre planète. Non seulement toutes les planètes de notre système, mais celles de tous les autres systèmes, et peut-être même la sphère interne des étoiles et des soleils, possèdent des êtres analogues à nous par les côtés essentiels, différents par les conditions de milieu. Les espaces interplanétaires, nous l'avons dit, contiennent, eux aussi, de la vie, une vie égale en intensité à celle que nous constatons sur la terre. Sans doute, ces millions d'humanités sont plus ou moins évoluées que la nôtre. Mais quel que soit leur degré actuel de développement, elles n'en sont pas moins appelées à entrer un jour dans la constitution définitive de l'Adam kadmôn.

Dans ces conditions, la mort ne saurait exister. Ce que nous nommons ainsi n'est autre chose que la libération des parties étrangères à notre moi (le corps matériel, l'hylé), et par conséquent un pas de plus fait vers la vie absolue (1).

Que faut-il entendre par le Démiurge? C'est l'effort involutif par lequel la matière s'oppose à l'effort ascensionnel du Rayon Céleste. Et alors le mal apparaît sous toutes ses formes, mal moral, mal physique, mal métaphysique, les mauvais gouvernements, les tyrannies, les erreurs de toute nature, les superstitions, les faux sacerdoces ! Mais le mal est relatif, le mal est transitoire. Il est dans l'espace et dans le temps. Il doit disparaître.

L'Etre divin.

La Gnose rejette la théorie judaïque d'un Dieu créateur. Trop d'imperfections, trop de désordres se montrent dans l'Univers pour qu'il soit l'œuvre d'un être infiniment bon, infiniment puissant,

---

(1) *Enseignements Secrets.*

infiniment intelligent. Dieu émana une série indéfinie de couples d'éons dont les attributs s'affaiblissent à mesure que grandit la distance qui les sépare du divin Emanateur. Et c'est ainsi qu'on arrive à la puissance très inférieure qui a organisé le monde et qui n'est autre que ce Démiurge dont nous venons de parler, ce perpétuel obstacle à notre ascension vers la lumière.

Le monde matériel, hâtons-nous de le dire, ne doit être, aux yeux du vrai gnostique, qu'une quantité négligeable, une tache sur un manteau, comme dit le grand Valentin. Acceptons-le donc, tel qu'il est, sans révolte ni désespoir. Tâchons de l'améliorer, si nous le pouvons. Mais ne nous y attachons d'aucune sorte.

Il y a l'Etre absolu, l'Etre qui demeure et qui cependant est hors de l'espace et du temps. Elevons-nous de tous les efforts de notre intelligence vers le concept de cet ETRE qui est en même temps le NON-ETRE et la PUISSANCE D'ÊTRE, — ce qui est le grand Ternaire métaphysique.

Puissance d'être, en tant que renfermant toutes les possibilités, Non-Etre, en tant que ne les réalisant pas, Etre, en tant que les réalisant.

Le Non-Etre, que nos enseignements déclarent

par insuffisance de langage *supérieur* à l'Etre, est, en fait, l'Un, l'Abyme insondable, le Grand Ineffable.

La volonté d'être de cet Un se manifeste extérieurement par l'émanation, et de même que la lumière blanche rencontrant un prisme détermine des faisceaux de couleurs diverses, l'émanation émise par l'Un dans le kénome ou vide, détermine des créations tangibles de valeurs différentes. L'homme est une de ces créations. L'Un et les Eons les plus immédiatement émanés composent le Plérome Divin ou la Plénitude de l'Etre.

Mais Dieu n'est pas seulement le Ternaire métaphysique, — Etre, Non-Etre, Puissance d'être, — il est aussi le Ternaire Père, Fils Esprit, autrement dit Volonté, Intelligence, Amour.

Il est de toute importance de bien établir comment nous devons entendre ces divers ternaires et tous ceux qui, en général, ont trait, dans la Gnose, à la Divinité. Le gnosticisme n'impose nullement à ses fidèles la croyance en un inacceptable trithéisme. Il ne leur annonce pas non plus un Dieu en trois personnes distinctes, tri-unes, égales en puissance et pourtant hiérarchisées par la procession. Non! il s'agit simplement de trois aspects de la Divinité, de trois hypostases distinctes, sans doute, mais inséparables, de trois *personnes*, si l'on veut, mais en attachant au mot personne-son sens étymologique, c'est-à-dire rôle, fonction, attribut.

Le dernier des ternaires précités, Volonté-Intelligence-Amour, éclaire très nettement la thèse gnostique. Que l'Intelligence soit distincte de la Volonté, et celles-ci distinctes de l'Amour, il ne s'en suit pas qu'en Dieu, la Volonté, l'Intelligence et l'Amour constituent trois individualités différentes.

Oui, Dieu est Amour, et c'est par l'Amour surtout que nous nous rattachons à lui. Si l'Amour s'éteignait, dit Claude de Saint-Martin, il n'y aurait plus de Dieu. Il est l'Amour, c'est-à-dire cette Vierge de Lumière qui s'irradie dans la spiritualité de tous les êtres, sublime Prostituée, selon le mot de Saint-Denys l'aréopagite, qui s'unit à toutes les âmes, auguste manifestation de l'Eternel Féminin.

Nous précisons que pour que cette mystique union s'accomplisse dans toute son intensité, il faut que l'être humain se désindividualise, s'affranchisse de tout étroit sensualisme, s'exalte en un altruisme sans réserve et communie à l'Universel.

Qu'on ne dise pas que si Dieu était l'amour il

serait aussi la haine. Non, la haine n'est point le
revers fatal de l'amour. La haine est un arrêt, une
interruption de l'être aimant, donc un fait con-
tingentiel, sans rapport possible avec l'Etre nécessaire qui est Dieu. Dieu est tout l'Amour comme
il est toute la Beauté, toute la Justice, toute la
Vérité !

Si Dieu est amour, si, d'autre part, le péché
est une relativité, — ce qui est évident puisqu'il
est une forme du mal, — l'enfer est non seulement
impossible, mais c'est faire outrage à la Divinité
que de croire à son existence. L'idée de châtiment
elle-même, quand il s'agit de l'action divine, est
une vieille erreur pagano-judaïque dont il faut à
tout prix nous affranchir. Dieu ne châtie pas,
Dieu ne punit pas. Il laisse l'homme vivre sa vie,
accomplir son destin, sachant qu'en définitive,
nous finirons tous, sans exception, par aboutir au
salut, c'est-à-dire à réintégrer le saint Plérome, la
Plénitude de la vie éternellement pure, heureuse
et consciente.

L'initiation gnostique.

L'Eglise gnostique n'est pas un groupement
d'âmes simples qui acceptent aveuglément des

dogmes indémontrables. Elle est une réunion d'intelligences désireuses de s'élever aux connaissances que le vulgaire ne saurait atteindre. On n'entre en possession de tous les pouvoirs et prérogatives gnostiques qu'à la suite d'épreuves initiatiques qui constituent sept stades successifs.

Non seulement la Gnose ne reconnaît à l'homme aucune primauté religieuse ou sociale sur la femme, mais celle-ci est admise à tous les degrés du septénaire. Elle peut exercer toutes les fonctions sacerdotales. Elevée à la dignité de l'épiscopat, elle prend le nom de Sophia.

Indépendamment des séances d'initiation qui ont lieu suivant les demandes des profanes, des cérémonies cultuelles sont célébrées à dates régulières.

L'Eglise gnostique de France reconnaît deux églises sœurs auxquelles l'unissent des liens de profonde amitié, à savoir l'Eglise gnostique de Belgique, avec La Hulpe-Malaise pour siège épiscopal, et l'Eglise gnostique de Bohême, dont le patriarche réside à Prague.

Respectueuse des lois de la République, l'Eglise gnostique de France a fait sa déclaration d'association cultuelle à la date du 7 Décembre 1906,

par conséquent dans les délais fixés par la loi du
9 Décembre 1905.

$$A \quad T \quad \Omega$$

*Pour tous renseignements concernant le lieu, le jour et
l'heure des offices, et les publications gnostiques, on peut
s'adresser à Mme DE CHAUVIGNY, 17, rue du Val-de-Grâce, Paris.*

Imprimerie EM.-M. LELIÈVRE — Laval-Paris.

11.94

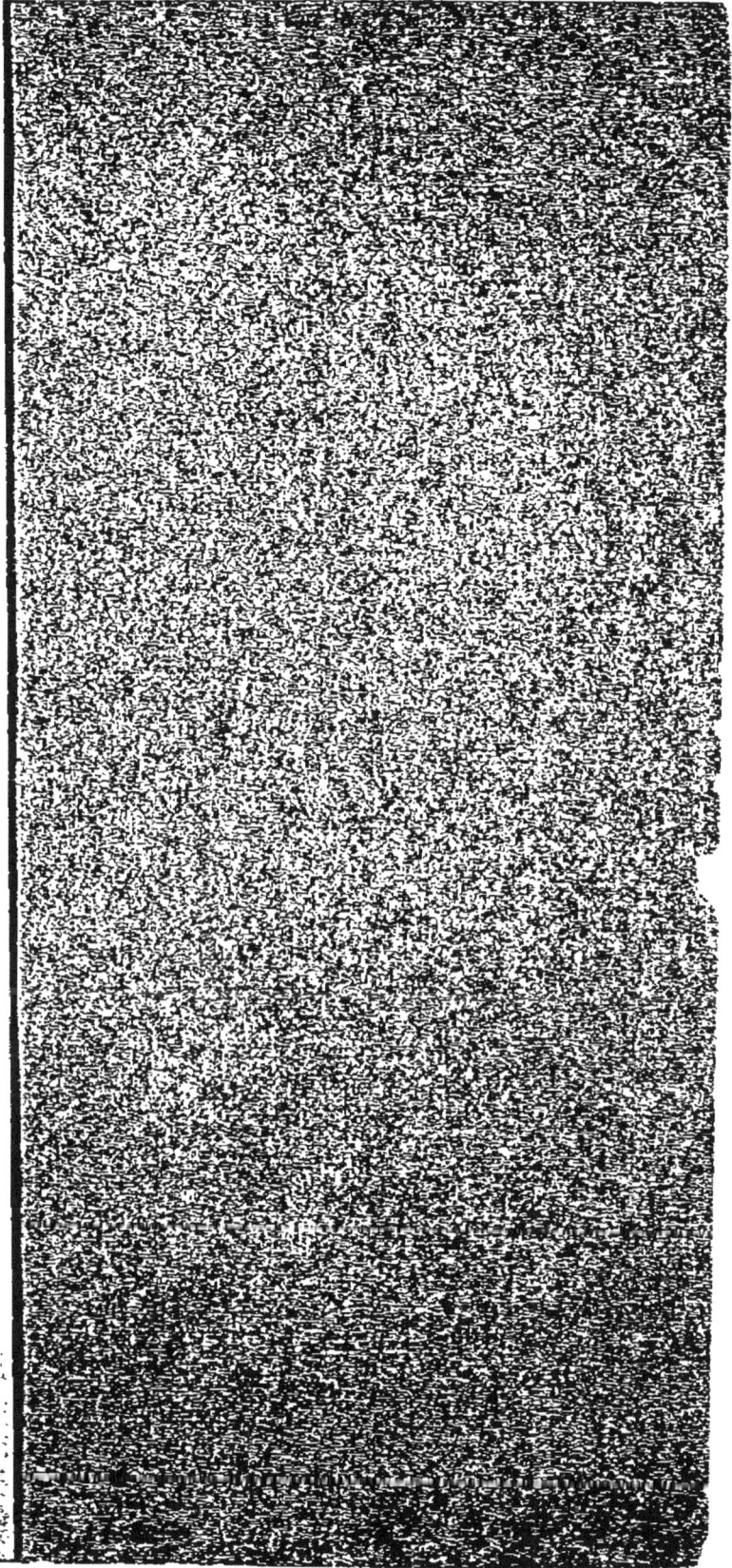

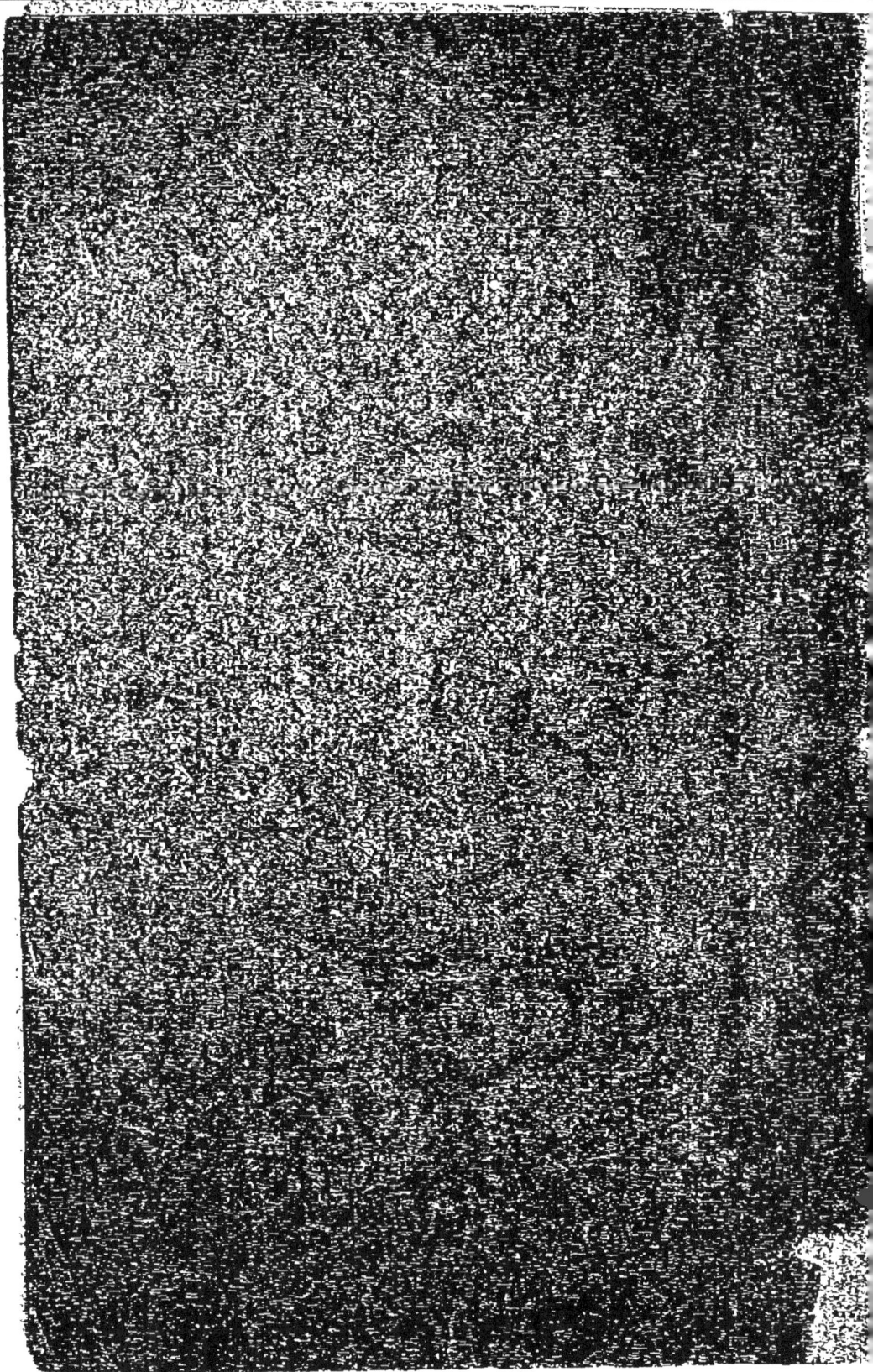